Gleich hinter der Stadt Burghausen hat die Salzach einen grandiosen Durchbruch geschaffen, um bald darauf ihre Wasser in den Inn zu ergießen. Das vorliegende Landschaftsbuch macht auch einen Abstecher innaufwärts. Nachdem wir zuerst bis Braunau und Simbach geradelt sind, lassen wir uns einige Kilometer nach Westen treiben und gelangen über Marktl nach Neu- und Altötting.

Der vorliegende Band bringt uns auf bayerischer Seite bis zum Waginger See, auf österreichischer Seite bis zu den Trumer Seen, zu denen der Obertrumer-, der Mattsee und der Grabensee gehören. Dem Zauber dieser Seenplatte mit den blauen Wasserflächen, eingebettet in sanfte Hügel, wird sich sicher niemand entziehen können. Der Blick reicht bis zu den schneebedeckten Alpengipfeln. Von Obertrum machen wir, sozusagen zum goldenen Höhepunkt, einen Abstecher auf den Haunsberg, jener einmaligen Aussichtskanzel, die uns fast das gesamte Gebiet überblicken läßt, das in diesem Buch behandelt wird.

Marktl
Inn
Altötting
Burghausen
Salzach
Neuötting
Tittmoning
Tittmoning
Obern-
dorf
Waginger See
Laufen
Höglwörth
Freilassing
Saalach
Bad Reichenhall
Bad Reichenhall
Salzach
Hallein

Braunau

Salzburg

INHALT

R = Radtour

F = Fußwanderung

Salzburg
Eine Stadt die jeden begeistert

Daß Salzburg auf den ersten Blick begeistert, ist kein Wunder. Schon die Lage am Fluß und zwischen den mächtigen Felsen des Mönchsbergs und des Kapuzinerbergs verleiht ihr ein romantisches Flair.

Rechts und links des Flusses findet der Besucher eine Menge Sehenswürdigkeiten. Auf dem Mönchsberg thront die Festung Hohensalzburg, die von den einst regierenden Fürstbischöfen erbaut und zum Schutz vor Feinden nach und nach verstärkt wurde. Sie wurde tatsächlich nie von einer feindlichen Macht eingenommen.

Im Schutz der Festung drängen sich die Bürgerhäuser mit den barocken Fassaden, die von schmalen, tiefen Gassen durchzogen werden. Noch mehr aber wird die Stadt durch die weiten Plätze am Dom, an der Residenz und bei St. Peter sowie den Festspielhäusern geprägt.

Am östlichen Salzachufer, wo der Kapuzinerberg aufragt, liegt die Neustadt. Der schmale Streifen zwischen Berg und Fluß, an der Steingasse und der Imbergstraße, wurde schon sehr früh bebaut. Davon zeugen eine Reihe alter Häuser, die sich in der ursprünglichen Form in der Salzach spiegeln. Auch die eng an den Berghang gebaute Linzergasse hat eine alte Geschichte.

Das Schloß Mirabell mit dem gleichnamigen Garten ist sicher Hauptanziehungspunkt der Neustadt. Es ist zu jeder Jahreszeit ein Vergnügen, in diesem liebevoll gepflegten Park spazieren zu gehen und an einem der Springbrunnen von der Hektik des Alltags auszuruhen. Im Schloß selbst ist der prächtige Marmorsaal, in dem Trauungen vorgenommen werden, und der als der schönste Trauungssaal der Welt bezeichnet wird, zu bewundern.

Nun laden wir Sie ein, uns auf einem Spaziergang durch die schöne Stadt zu begleiten.

Fiaker an der Pferdeschwemme

Mirabellgarten
mit Festung

Fußwanderung 1
Salzburg – Stadtrundgang   2 – 3 Stunden

An meinem Lieblingsplatz in der Mozartstadt beginnen wir unseren Rundgang. Es ist der Mirabellgarten, ein Höhepunkt jedes Salzburgbesuches. Er gehört zum Schloß Mirabell, das von Fürsterzbischof Wolf Dietrich von Raitenau im Jahre 1606 für eine seiner Geliebten erbaut wurde. Im Schloß ist außer dem großen Saal vor allem die prächtige Marmortreppe sehenswert.

Wenn wir den liebevoll gepflegten Park durch das Südtor verlassen, kommen wir am Landestheater vorbei zum Makartsteg. Dieser bringt uns über die Salzach, beschert uns aber gleichzeitig einen großartigen Blick auf die gesamte Altstadt mit der Festung.

Wir überschreiten die Griesgasse und gelangen in die schmale, von Menschen wimmelnde Getreidegasse. Diese älteste Gasse der Stadt ist heute Fußgängerzone. Die reizenden Durchhäuser sind charakteristisch für sie und vermitteln eine besondere Stimmung. Auch Mozarts Geburtshaus finden wir hier.

An der Kollegienkirche vorbei kommen wir zu den Festspielhäusern. Rechts davon finden wir das Neutor, ein 1764 geschlagener Tunnel durch den Mönchsberg. Dann fesselt die berühmte Pferdeschwemme unsere Blicke.

Wenn man schon einen Spaziergang durch Salzburg macht, sollte man auf alle Fälle die Stadt auch vom Mönchsberg aus betrachten. Neben dem Kleinen Festspielhaus führt eine Treppe zu verschiedenen Aussichtspunkten. Dann wandern wir hinüber zur Festung.

Von dort geht's abwärts zum Kapitelplatz und zum Dom. Weiter schlendern wir über den Residenzplatz auf den Alten Markt, wo das Café Tomaselli und das kleinste Haus Salzburgs stehen.

Sehenswert wäre natürlich auch der alte Friedhof von St. Peter oder die Prunkräume der Residenz. Auch der Blick von der Hettwer Bastei auf die Stadt und die Festung und hinaus bis zum Untersberg wäre ein lohnendes Ziel.

Max-Reinhardt-Platz

Die Durchhäuser, ein Charakteristikum der Stadt

Schloß Leopoldskron

Getreidegasse

Residenzbrunnen

Faszinierend ist der Blick vom Kapuzinerberg über die Salzach auf das Stift Nonn und die Festung Hohensalzburg. Den Hintergrund bilden der Hohe Göll und der Untersberg

Radtour Leopoldskron – Hellbrunn – Zoo

2

Ein möglicher Startpunkt ist die Nonntaler Hauptstraße südlich des Festungsberges. Auf ihr radeln wir stadtauswärts und biegen leicht rechts in die Fürstenallee ein. Bei der ersten Ampel überqueren wir die Straße und radeln durch den Park am schloßähnlichen Altenheim zum Leopoldskroner Schwimmbad. Vom Leopoldskroner Weiher bietet sich der bekannte Blick auf das gleichnamige Schloß, das Erzbischof Leopold 1736 als Familiensitz errichten ließ.

Am Ende des Weihers noch geradeaus, dann links über den Almkanal und in die Santnergasse, die nach etwa 500 m in einen Radweg einmündet, der am Kanal entlangläuft. An der Hauptstraße angekommen finden wir parallel zu ihr einen Radweg. Noch vor der Pflegerbrücke biegen wir links ab und überqueren die Hauptstraße.

Unsere Route läuft am Waldeggerweg weiter. Ein Stück am Wald entlang, bis wir bei einem Hochsitz links fahren. Bei einer Eichenreihe geht es dann wieder rechts bis zur Bundesstraße, auf der wir nach links zum Schloß gelangen.

Hier kann man den weiträumigen Schloßpark und die originellen Wasserspiele besichtigen. Mit Kindern sollten wir auch den zum Gelände gehörenden Zoo aufsuchen.

Zurück zur Stadt radeln wir auf der historischen Hellbrunner Allee, die zusammen mit dem Schloß errichtet wurde.

Hellbrunner Allee

Schloß Hellbrunn. Rechts oben ist die Festung Hohensalzburg zu erkennen

Radtour Salzburg – Hallein

3

40 km

Am schönsten erweist sich diese Route, die immer an der Salzach entlangführt, wenn wir ein Stück nördlich der Altstadt starten. Im Bereich des Pioniersteges finden wir auch am ehesten eine Parkmöglichkeit.

Wenn wir nun auf dem linken Uferweg, der hier Elisabethkai und nach der Staatsbrücke Giselakai heißt, flußaufwärts radeln, können wir die einmalig schöne Silhouette der Altstadt mit der Festung Hohensalzburg genießen.

Einen landschaftlichen Höhepunkt erreichen wir bei der Autobahnbrücke. Die beim Kraftwerk Urstein aufgestaute Salzach bildet einen ruhigen See, in dem sich der Hohe Göll und auch der Untersberg spiegeln.

Wenn wir bei Hallein ankommen, fällt uns eine Wehranlage auf, die zu einem Kraftwerk gehört. Dort können wir die Salzach überqueren. Damit sind wir bereits in der Altstadt und in der Fußgängerzone, wo wir uns erfrischen können.

Den Rückweg treten wir auf dem anderen Salzachufer an. Bei der Autobahnbrücke bringt uns ein Steg über die Königsseeache, die hier in die Salzach mündet. Der Uferweg, auch als „Tauernradweg" beschildert, bringt uns bequem nach Salzburg zurück.

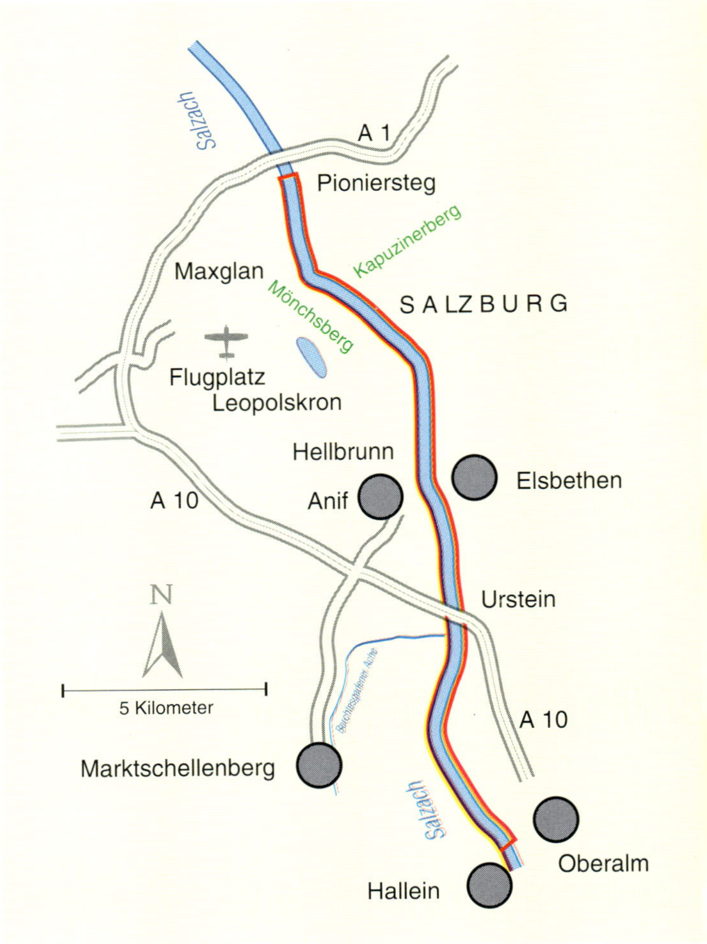

Mädchenskulptur von Max Rieder am Wehr des Kraftwerks in Hallein

Die Salzach mit
dem Hohen Göll

Hallein Rathaus

Hallein

Berchtesgadener Ache
mit dem Untersberg

4

Radtour
Freilassing – Laufen – Salzburg 41 km

Ein günstiger Ausgangspunkt ist der Parkplatz bei der Schwimmhalle Badylon an der Salzburger Straße. Neben dieser gibt es einen Radweg, den wir bis zur Saalachbrücke benutzen. Vor der Brücke biegen wir auf den Uferweg ab und radeln flußabwärts. Dabei passieren wir den ungeteerten Waldweg am Zusammenfluß von Saalach und Salzach.

Beim Flußkilometer 53,6 verlassen wir das Salzachufer und folgen dem Schild „Aurundweg". Nachdem wir die Sur überquert haben, wenden wir uns rechts und fahren auf dem Hochwasserdamm weiter, die Sonne im Rücken und das Schloß Triebenbach zur Linken.

In Laufen müssen wir links hinauf, um durch die Altstadt auf die Grenzbrücke zu gelangen. Gleich nach der Brücke, in Oberndorf, wenden wir uns nach rechts, um auf der österreichischen Seite flußaufwärts zu radeln.

In Salzburg kommen wir kurz nach der Autobahnbrücke zum „Trakl-Steg", auf dem wir die Salzach überqueren. Dann wenden wir uns sofort wieder nach rechts, fahren zur Saalachmündung und dann an der Salzach entlang bis zur Grenzbrücke, über die wir nach Bayern bzw. nach Freilassing zurückkommen.

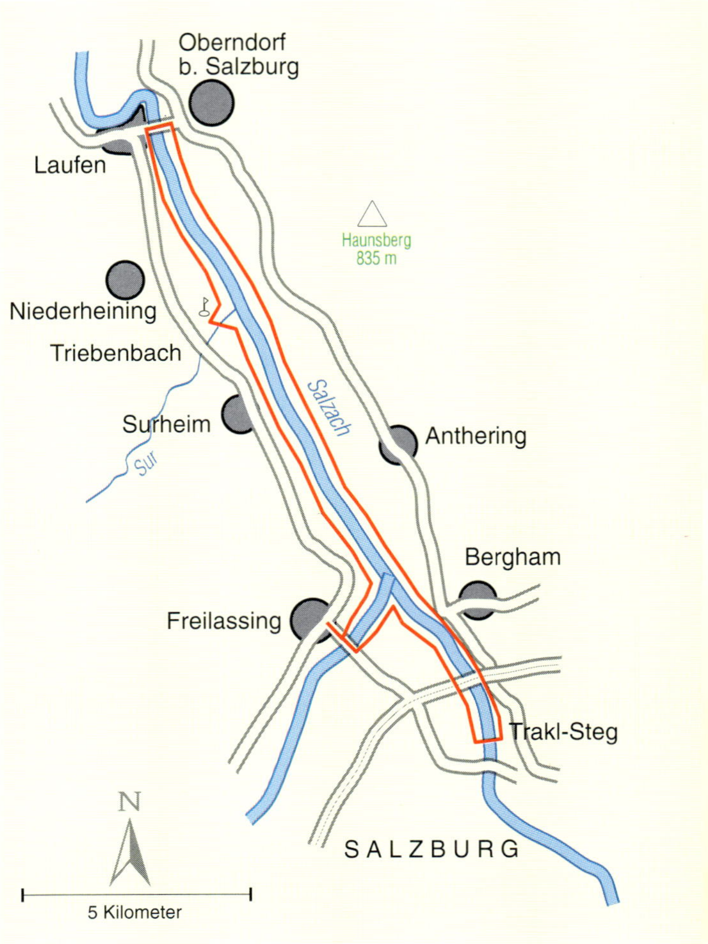

Freilassing

Blick von der Laufener
Salzachbrücke auf
den Hohen Göll und
den Untersberg

Bad Reichenhall mit Hochstaufen

Radtour Freilassing – Bad Reichenhall — 5 — 42 km

In Freilassing fahren wir zur Grenzbrücke an der Salzburger Straße. Vor der Brücke begeben wir uns auf den rechten Saalachdamm und radeln flußaufwärts. In Hammerau überqueren wir die Werksbahn, bleiben auf der Asphaltstraße und biegen nach ca. 80 m links ab. Durch die Au bleiben wir auf diesem Sträßchen, bis wir vor einem Bahnübergang links auf den Uferweg abzweigen können. Unmittelbar vor der Autobahn fahren wir nach links über den Holzsteg. Wo die Häuser der Pidingerau beginnen, können wir wahlweise auf dem Asphalt bleiben, oder auf den Saalachdamm ausweichen. Unter der Bundesstraße (Staufenbrücke) hindurch kommen wir, ohne die Saalach zu überqueren, am Campingplatz vorbei nach Nonn. Nach den Tennisplätzen überqueren wir den Fluß auf dem Saalachsteg. Am anderen Uferweg radeln wir noch zwei Brücken flußaufwärts. An der Wittelsbacher Brücke bringt uns eine Fußgängerunterführung direkt in die Altstadt von Bad Reichenhall.

In der Fußgängerzone darf man nicht radeln. Doch über den Rathausplatz und durch die Poststraße bietet sich eine autofreie und wunderschöne Strecke für Radler. Über die Frühlingsstraße oder am Rupertusbad vorbei gelangen wir wieder an die Saalach.

Nun bleiben wir aber auf dieser Seite und fahren flußabwärts. In genußreicher Fahrt geht es durch den Auwald bis zum Klärwerk Schwarzach. Hier müssen wir rechts auf die Hauptstraße hinauf und Richtung Salzburg. Nach dem Zoll bleiben wir noch ca. 2 km auf der Hauptstraße und biegen unterhalb der Gefällstrecke links nach Käferheim ab, wo wir auch den Saalachdamm wieder erreichen.

Nun ist alles klar. Flußabwärts kommen wir zum Siezenheimer Steg, der uns auf das bayerische Ufer zurückbringt. In derselben Richtung radeln wir weiter bis zur Grenzbrücke in Freilassing.

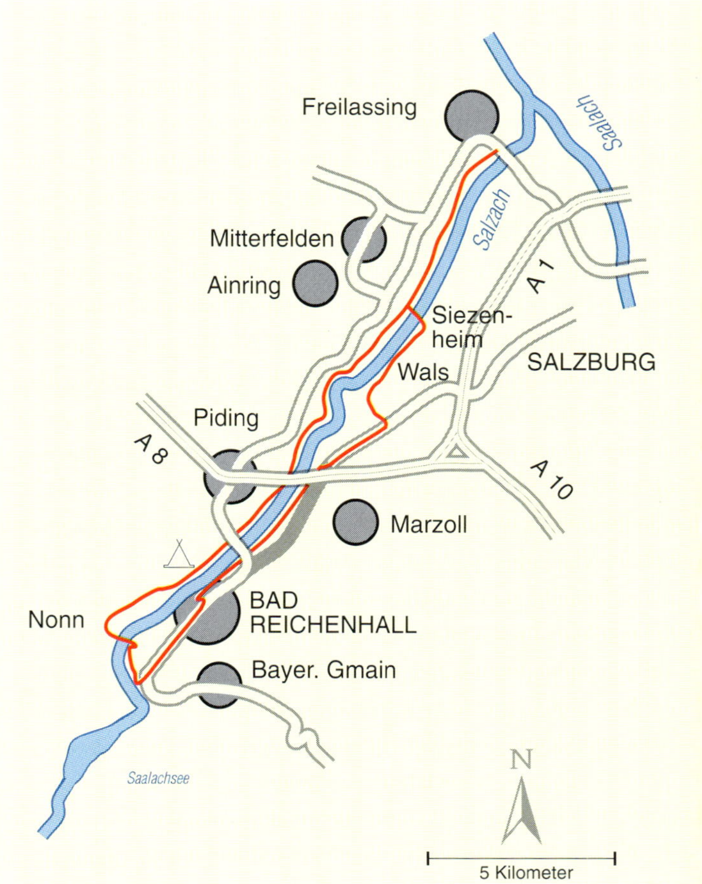

Kirschblüte in Nonn bei
Bad Reichenhall

Kurpark

Brunnenfigur am neuen Kurhaus

Bad Reichenhall Rathaus

Der alte Stadtbach
in der Poststraße

Die Saalach mit Hochstaufen

Saalach mit Ristfeuchthorn

Saalachuferweg bei Bad Reichenhall

Radtour
Rund um den Högl

6

30 km

Wenn wir Anger als Ausgangspunkt wählen, finden wir an der Auffahrt zum Dorfplatz eine gute Parkmöglichkeit. Von dort strampeln wir zum malerischen Dorfplatz hinauf und biegen gleich oberhalb der Steigung bei einem Wegweiser links nach Höglwörth ab.

Den See von Höglwörth mit der Klosterinsel dürfen wir nur auf Schusters Rappen umrunden. Beim Klosterwirt radeln wir zur Straße hoch und lassen unser Rad Richtung Aufham hinunterlaufen. Beim Schild Vachenlueg geht es scharf links. Erst in Vachenlueg biegen wir rechts nach Ainring ab.

Um der schönen Aussicht willen machen wir den kleinen Umweg über Ulrichshögl. Die barocke Kirche kann man schon von weitem rechts oben sehen. Hinunter nach Ainring brauchen wir nur noch zu bremsen. An der Kirche oder etwas unterhalb biegen wir rechts ab nach Wiesbach. Wir bleiben immer am Fuß des Höglberges, auch in Hammerau. Das nächste Dorf mit der spitzen Kirche ist Bicheln.

Bevor wir auf die B 20 hinauskommen, radeln wir rechts den Waldweg hinauf. Bis zu einer Kneippanlage steigt der Weg an, dann geht es nur noch bergab. Erst in Innerberg fahren wir rechts über die Brücke und 100 m weiter wieder rechts. Parallel zur Autobahn kommen wir durch Jechling. Bei den ersten Häusern von Aufham nehmen wir den Feldweg rechts in den Wald hinein, der mit Anger beschildert ist. Zum Schluß begleitet uns der Bach zum Ausgangspunkt.

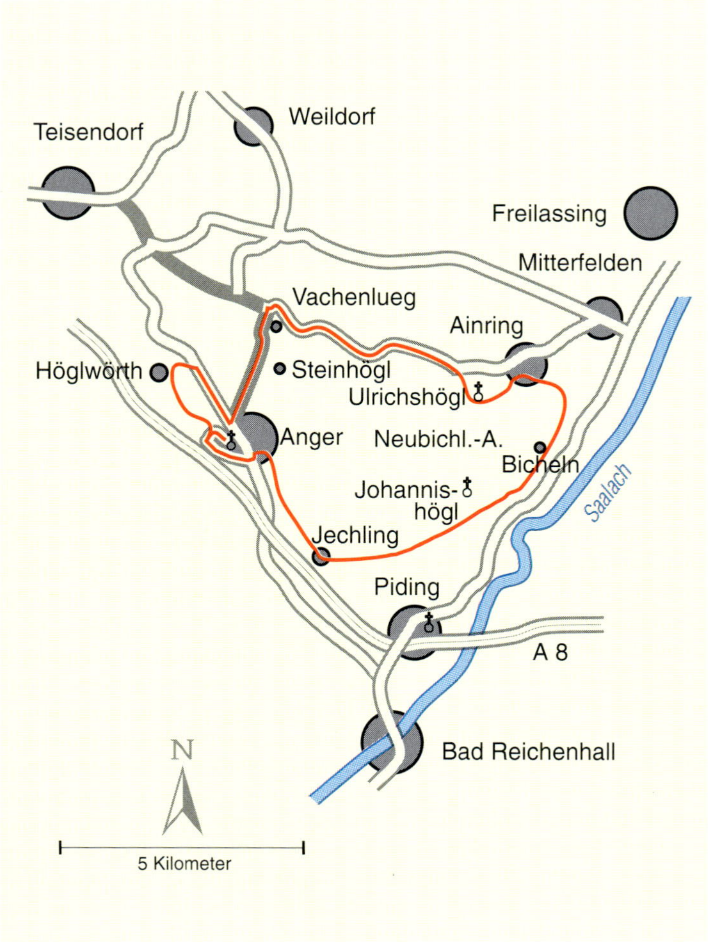

Das malerische Dorf Anger mit dem Hochstaufen und dem Mittelstaufen

Zeit der Kirschblüte in Höglwörth, im Hintergrund die schneebedeckten Gipfel von Hochstaufen, Mittelstaufen und Zwiesel

Höglwörth

Höglwörther See

Radfahrer sehen mehr –
Backofen am Wegrand

Über Bicheln sieht man den Watzmann zwischen Untersberg und Lattengebirge

7

Fußwanderung
Neubichler Alm – Johannishögl 2 Stunden

Vom Parkplatz der Neubichler Alm sind die Kirche von Johannishögl und daneben das Wirtshaus gut zu sehen. Dahinter der Untersberg und die Salzburger Berge, ja sogar der Dachstein ist bei klarem Wetter zu erkennen.

Um nach Johannishögl zu gelangen, gehen wir das schmale Weglein am Hotel hinunter. Dabei kommen wir an Schaf und Damwildgehegen vorbei. Zuerst geht es etwas abwärts und dann zur weithin sichtbaren Kirche hinauf.

Haben wir dort die Aussicht genossen oder uns im Wirtsgarten erfrischt, wandern wir auf der schmalen Asphaltstraße abwärts. 200 m nach einem Bauernhaus kann man links zur Pidinger Aussichtskanzel hinausgehen.

Wieder auf der Asphaltstraße gehen wir ca. 100 m abwärts. Im Wald führt dann rechts ein geschotterter Waldweg aufwärts. Wenn es dann bergab geht, überqueren wir einen Graben, der bei Trockenheit kein Wasser führt. Dort finden wir eine blaue Markierung an den Bäumen, die uns links des Baches zur Neubichler Alm hinaufweist.

Bei dem Damwildgehege kommt uns der Weg wieder bekannt vor, weil wir dort unsere Wanderung begonnen haben.

Blick von der Neubichler Alm auf
Johannishögl und Untersberg

Radtour
Vom Waginger See zum Höglwörther See

8

34 km

Von Petting am Südende des Waginger Sees radeln wir vorerst zum Weidsee mit dem Schloß und einer Wirtschaft. Im Verlauf des Weges erreichen wir Ringham, wo wir rechts durch den Wald hinaufradeln nach Moritz. Diese Straße bringt uns über Holzhausen nach Teisendorf. Auf der Hauptstraße fahren wir nur ca. 30 m nach links und biegen dann rechts in die verkehrsberuhigte Poststraße ein. Deutliche Wegweiser bringen uns zum Stadion und Schwimmbad. Weiter radeln wir auf einer Sandstraße, die durch das Ramsautal immer in der Nähe des Baches verläuft, bis zum Wirtshaus „Ramsau" mit dem kleinen Zoo. Etwas weiter bei einer Häusergruppe müssen wir den Bach nach links überqueren.

Bald sind wir am idyllischen Höglwörther See mit dem Inselkloster. Der Weg um den See ist nur zu Fuß erlaubt, lohnt sich aber wirklich.

Weiter fahren wir zur Hauptstraße hinauf und rechts Richtung Anger. Achtung! Bei den ersten Häusern müssen wir links nach Vachenlueg abbiegen. Bei Vachenlueg wieder links. Schon bald weist uns das Schild „Hörafing Kumpfmühle" nach rechts. Hörafing durchqueren wir und erreichen bald Weildorf. Am Ende des Dorfes finden wir bereits Schönram angeschrieben.

Nach einer Straßenüberführung halten wir uns rechts, um durch Offenwang nach Schönram zu gelangen. Von dort läuft der Radweg nach Petting parallel zur Straße.

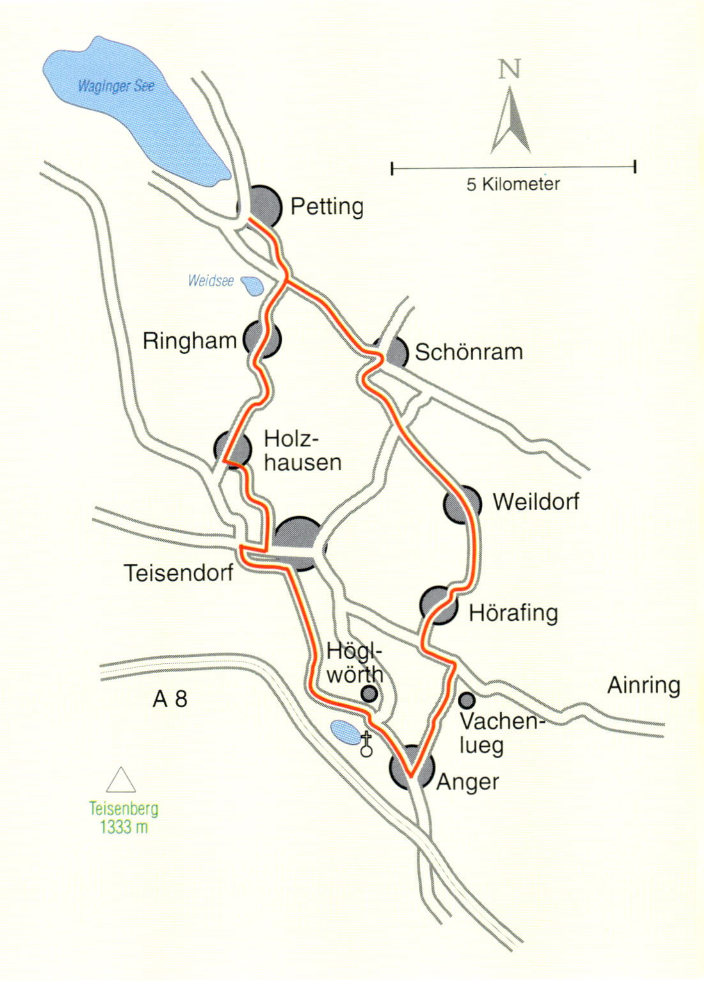

Schloß Seehaus am Weidsee bei Petting

Ehem. Kloster
Höglwörth

Radtour 9
Teisendorf – Lauter – Neukirchen 30 km

Von Teisendorf radeln wir auf der Holzhauserstraße nach Stegreuth. Bevor die Steigung beginnt, wenden wir uns links und auf der Hauptstraße wieder rechts. Nach einem Kilometer folgen wir dem Wegweiser „Rückstetten“ nach links, an Solling vorbei. Vor der Bahnunterführung fahren wir rechts hinauf nach Hofholz und bleiben rechts vom Bahnkörper, bis uns die schmale Asphaltstraße automatisch durch eine Unterführung auf die andere Seite bringt.

Bei Holneich folgen wir dem Schild nach Lauter. Dort strampeln wir den Berg hinauf und überqueren das Bahngleis. Dann sofort links in Richtung Traunstein. Nun begleiten wir die Bahn auf der rechten Seite bis zum Wegweiser „Thunstetten, Oed“. Nach erneuter Überquerung der Bahn führt unsere Route durch die erwähnten Orte ins Surtal hinunter und auf der gegenüberliegenden Seite steil hinauf nach Surberg mit dem von weitem sichtbaren Zwiebelturm.

Hier müssen wir ganz hinauf, um dann den Hinweistafeln nach Neukirchen zu folgen. Nach einigem Auf und Ab können wir es in Richtung Teisendorf laufen lassen.

Etwa 200 m nach Achtal zeigt ein Schild rechts nach Freidling. Diesem folgen wir und kommen so auf verkehrsarmen Straßen nach Teisendorf zurück.

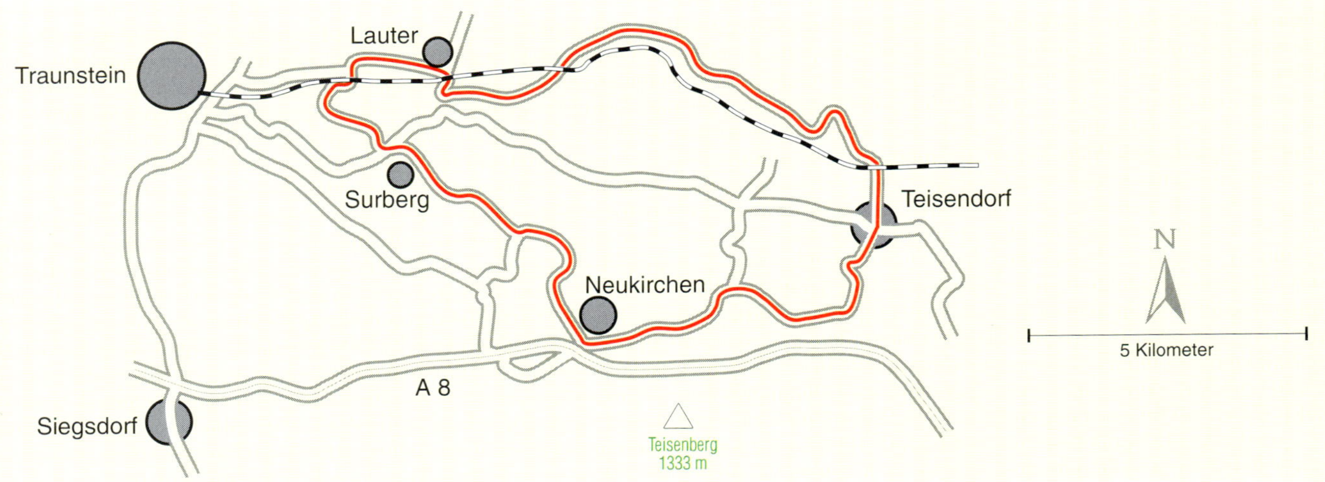

Teisendorf

Die Kirche von Surberg steht hoch über dem Surtal mit Hochfelln und Hochgern

Surtal mit Hochstaufen, Zwiesel und der Kirche von Weildorf

Altstadt von Laufen mit der Salzachschleife, hinten links die Kirche vom österreichischen Oberndorf

Salzburg-Hofen bei Freilassing mit Hohem Göll und Untersberg

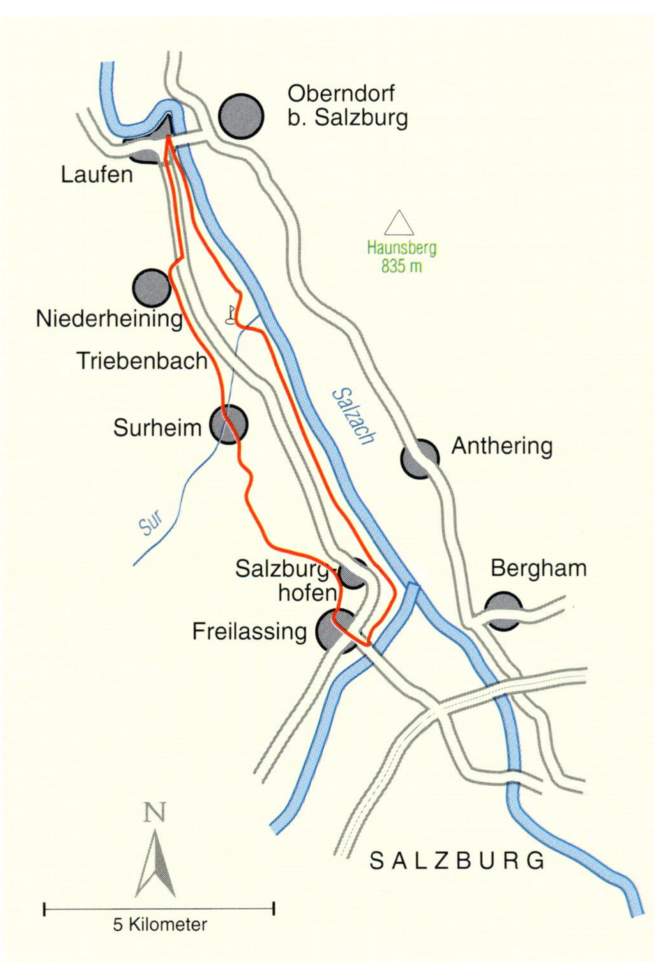

Radtour
Laufen – Freilassing 10 25 kn

In Laufen steht uns, sofern wir mit dem Auto ankommer eine kostenlose Parkgarage oder der Parkplatz an der Frei lassinger Straße zur Verfügung.

Rechts von der Freilassinger Straße ist ein Radweg angeleg den wir bis Niederheining benutzen. Bei der Kirche biege wir rechts in die alte Straße ein und fahren durch das Dor Auf dieser Straße mit wenig Kraftverkehr kommen wir durc Großgerstetten und Surheim. In diesen schönen Salzachor ten erfreuen uns viele alte Bauernhäuser mit üppigem Blu menschmuck. Fast ebensoviele Wirtshäuser mit einer ehr würdigen Tradition und schattigen Biergärten laden uns zu Einkehr ein.

Einen Kilometer nach der Abzweigung „Freilassing Industrie gebiet" zweigt rechts bei den ersten Häusern von Freilassin ein Radweg ab, der dem Verlauf der alten Straße entspricht

Im Zentrum radeln wir bei der Ampelkreuzung links und au dem Radweg an der Salzburger Straße bis zur Grenzbrücke Vor der Brücke fahren wir auf dem Saalachdamm nach Lau fen zurück. Der genaue Wegverlauf ist auf der Tour Nr. 4 Frei lassing – Laufen beschrieben.

Niederheining

Radtour Laufen – Abtsdorfer See – Schönram

11

28 km

Ausgehend von der Bahnhofstraße in Laufen halten wir un an die Hinweistafeln „Saaldorf, Abtsdorf". Der Radweg ist pa rallel zur Straße angelegt, die bis Oberheining etwas ansteig Zum Abtsdorfer See, der für sein warmes Badewasser be kannt ist, geht es bergab.

Wir bleiben auf dieser Seite des Sees und benutzen den Rad weg neben der Straße. Der nächste größere Ort ist Saaldor Dort radeln wir mitten durch das Dorf zur Kirche hinauf un nehmen die Straße nach Sillersdorf.

Am Ende eines kurzen Waldstücks biegen wir nach rechts Richtung Schönram, in die Hauptstraße ein. Über Berg un Schign kommen wir nach Schönram. Gegenüber dem Bräu stüberl, wo auch der Maibaum steht, biegen wir rechts nach Laufen ab.

Im Wald liegt das Naturschutzgebiet „Schönramerfilze", da einen Abstecher lohnt. Weiter geht es dann nach Leobendor und auf dem Radweg neben der Straße über Froschhan nach Laufen hinunter.

Abtsdorfer See. Am gegenüberliegenden Ufer sieht man Leobendorf

Abtsdorfer See mit dem gleichnamigen Ort und dem Untersberg

Die Rößer sind sein ganzer Stolz

Fingerhut und Rittersporn in einem Bauerngarten

adfahrer sehen mehr:
austüre in Saaldorf

Tittmonin

Radtour Laufen – Tittmoning

12

48 km

In Laufen steht uns eine gebührenfreie Tiefgarage zur Verfügung. Auch an der Freilassinger Straße gibt es neben einer Tankstelle einen kostenlosen Parkplatz. Von ihm können wir auf der Steinergasse zum Oberen Stadttor radeln. Wir fahren am Tor vorüber und am Stadtpark entlang zur Salzach hinunter.

Flußabwärts finden wir einen Uferweg, der im Auwald zum Feldweg wird. Außer mit Rennrädern oder bei tagelangem Regen ist der Weg gut befahrbar. Doch um eines möchte ich bitten: Dieser Auwald ist ein herrliches Stück Natur und bedarf unseres besonderen Schutzes. Ein Vogelparadies wie dieses verträgt keinen Lärm!

Bis Tittmoning können wir auf diesem 23 km langen Uferweg bleiben. Dort überschreiten wir den Fluß und auch die Landesgrenze und wenden uns sofort wieder nach rechts, um flußaufwärts auf österreichischer Seite zurückzufahren.

Zum Abschluß der Tour können wir beim Umfahren der Salzachschleife die Halbinsel, auf der die Laufener Altstadt erbaut ist, eingehend bewundern, bevor wir von Oberndorf über die eiserne Brücke nach Laufen hinüberwechseln.

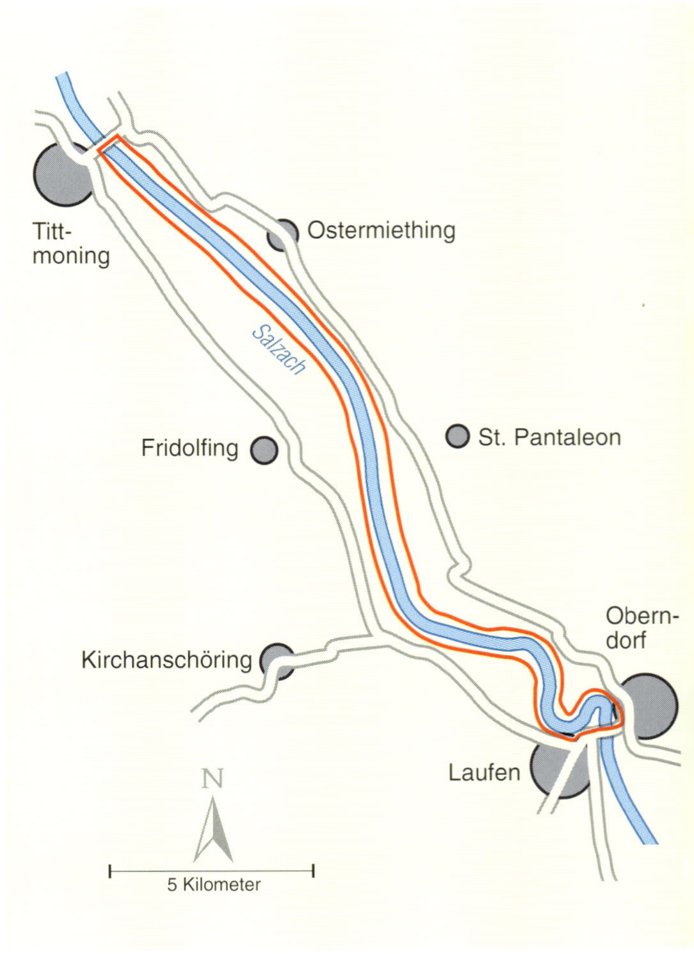

Der Stadtplatz
von Tittmoning

Radtour Oberndorf – Höllerersee

13

42 km

Oberndorf, gegenüber von Laufen gelegen, ist diesmal unser Ausgangspunkt. Wenn wir von Bayern kommen, können wir unser Auto in der gebührenfreien Tiefgarage in Laufen abstellen.

Um die Salzachschleife fahren wir herum, dann radeln wir auf dem größtenteils asphaltierten Uferweg ca. 15 Kilometer bis zu einem Holzsteg, der den Moosbach überspannt, bevor er in die Salzach mündet. Nach dem Steg geht's rechts auf dem Radweg „Ibmer Moos, Höllerersee" weiter. Auf der Hauptstraße fahren wir kurz rechts, dann gleich wieder links aufwärts. In Trimmelkam führt unser Weg am Bergwerk vorbei und beim Gasthaus Eder rechts. Am Ende des Ortes biegen wir links ab und nach etwa 1 km bei einer Häusergruppe wieder links. Bei einem gemauerten Bildstock erneut links. Ein Schild schickt uns rechts nach Paffing hinauf. Gleich sehen wir den Höllerersee.

Wir können rechts oder links um den See radeln. Beim Gasthaus „Seehof" strampeln wir den flachen Berg hinauf. Bald sehen wir ein Kirchendorf, St. Pantaleon, auf das wir zusteuern. Dort lassen wir unser Rad zur Moosach hinunterlaufen und strampeln auf der gegenüberliegenden Seite hoch. An einer Kreuzung geht's geradeaus nach Bürmoos. Nach vielen Kurven und einigem Auf und Ab halten wir uns nach den Wegweisern „Lamprechtshausen". Ab Bürmoos finden wir einen Radweg neben der Straße. In Lamprechtshausen biegen wir, noch ein Stück vor der Kirche, rechts nach Hausmoning ab. Das ist eine ruhige Strecke.

Am Ende des Radweges treten wir nach Holzleiten hinauf und weiter nach Arnsdorf mit der barocken Kirche. Kurz nach der Kirche fahren wir links, so kommen wir über Gunsering nach Oberndorf zurück.

Ein Stück bleiben wir auf der verkehrsreichen Bundesstraße. Doch gleich nach der Gefällstrecke biegen wir rechts zur Salzach ab, wo wir leicht zu unserem Ausgangspunkt zurückfinden.

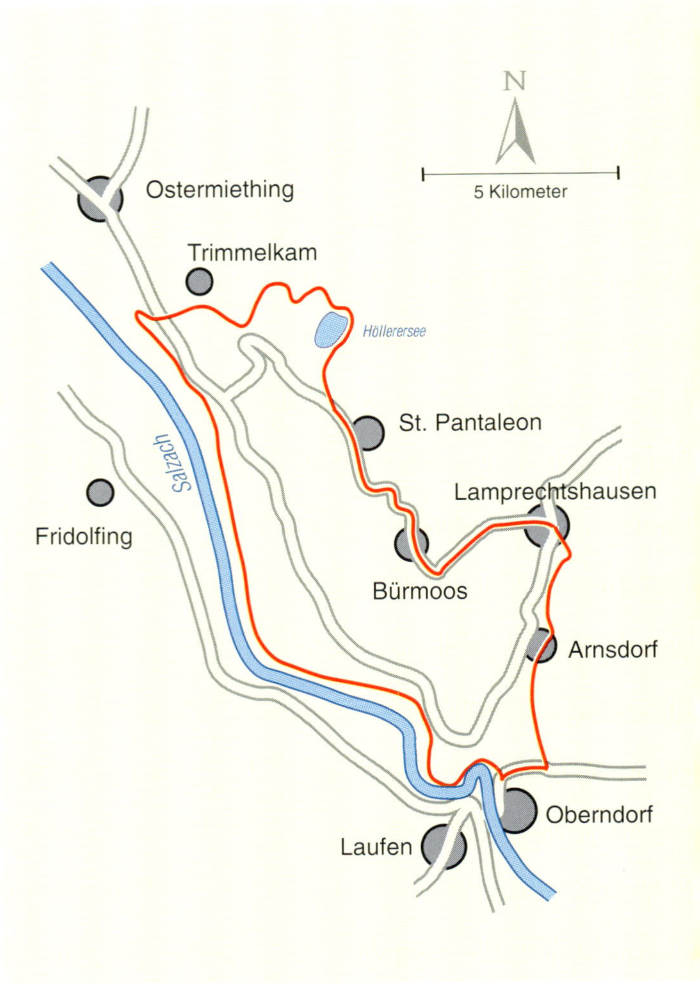

Laufen, Staatsbrücke

Der Höllerer See

Arnsdorf

14

Radtour
Waginger und Tachinger See **37 km**

In Waging gibt es zur Zeit noch einige kostenlose Parkplätze, zum Beispiel an der Salzburger Straße. Von dort radeln wir ortsauswärts, unterqueren die Hauptstraße, um über die kleinen Orte Egg und Seeleiten zum Seeufer zu gelangen. Dort nimmt uns ein Radweg auf, der bis Petting neben der Straße verläuft.

In Petting halten wir uns links und bleiben bis Kühnhausen auf der Hauptstraße. Leider besteht hier keine Möglichkeit, auf einem ruhigen Weg oder am Seeufer zu radeln. Erst in Kühnhausen können wir wieder links auf Feldwege ausweichen. Bei Kronwitt müssen wir ganz kurz auf die Hauptstraße, um gleich wieder auf Nebenstraßen auszuweichen.

Am Campingplatz „Gut Horn“ vorbei kommen wir nach Tettenhausen. Dort fahren wir nicht sofort zum See hinunter, sondern in den Ort hinauf bis zum Gasthaus „Post“, wo wir links abbiegen. Nach wenigen Häusern bringt uns ein schmaler Weg zum Tachinger See hinunter. Nach einer Schranke beginnt ein idyllischer Uferweg, der an manchen Stellen zum Verweilen einlädt.

Am Nordende des Tachinger Sees radeln wir am Badestrand vorbei und in den Ort hinein. In Tengling geht's links Richtung Waging. Der Radweg neben der Hauptstraße läßt uns die schöne Aussicht auf beide Seen und die Berge genießen. Beim Gasthaus „Seeteufel“ bringt uns eine Radunterführung wieder auf die Seeseite. Durch Wald und Wiesen gelangen wir zum Waginger Strandkurhaus und zurück zum Ausgangspunkt.

Waginger See mit Waging; am Horizont der Chiemsee

Gaden am Waginger See

Kätzchen an der Tachinger Mühle

Am Tachinger See

Vorfrühling am Tachinger See
mit den Berchtesgadener Bergen

Blick vom Haunsberg. Das Kirchendorf im Vordergrund rechts ist Anthering, dann sieht man das Häusermeer von Salzburg und, darüber das Massiv des Hohen Göll. Links von der Nebelbank zeigt sich ein Teil des Tennengebirges. Ganz rechts erkennt man das Geiereck am Untersberg

Der Mattsee mit dem gleichnamigen Ort

Radtour Mattsee – Obertrumer See

15 **32 km**

Am Strandbad in Mattsee kann man parken. Als Auftakt radeln wir durch den schönen kleinen Ort, halten uns etwas links, um durch den kleinen Kurpark, an den Bajuwarenbauten vorbei, wieder an das Seeufer zu gelangen. Leider führt die Ramooser Straße nicht unmittelbar am See entlang, aber der Blickkontakt zum Wasser, den Segelbooten und dem gegenüberliegenden Ort bleibt uns erhalten. Nach Ramoos führt eine mäßige Steigung nach Saulach hinauf. Bei den wenigen Häusern biegen wir links in einen Feldweg ein, um nach Gebertsham zu kommen.

Wir fahren im großen Abstand um den Mattsee, dabei bietet sich uns eine großartige Aussicht auf den See und das Gebirge. An der Hauptstraße finden wir einen parallel laufenden Radweg.

Bei der Abzweigung nach Seeham fahren wir rechts und kommen zwischen Grabensee und Obertrumer See. Gegen den Uhrzeigersinn werden wir nun den Obertrumer See umrunden. Die Fahrt führt uns zuerst durch Seeham und dann am Ufer entlang an Obertrum vorüber.

Wenn wir bei Obertrum in die Straße nach Mattsee einbiegen, haben wir bis Mitterhof keinen Radweg. Doch dann läuft einer seeseitig neben der Straße bis Mattsee.

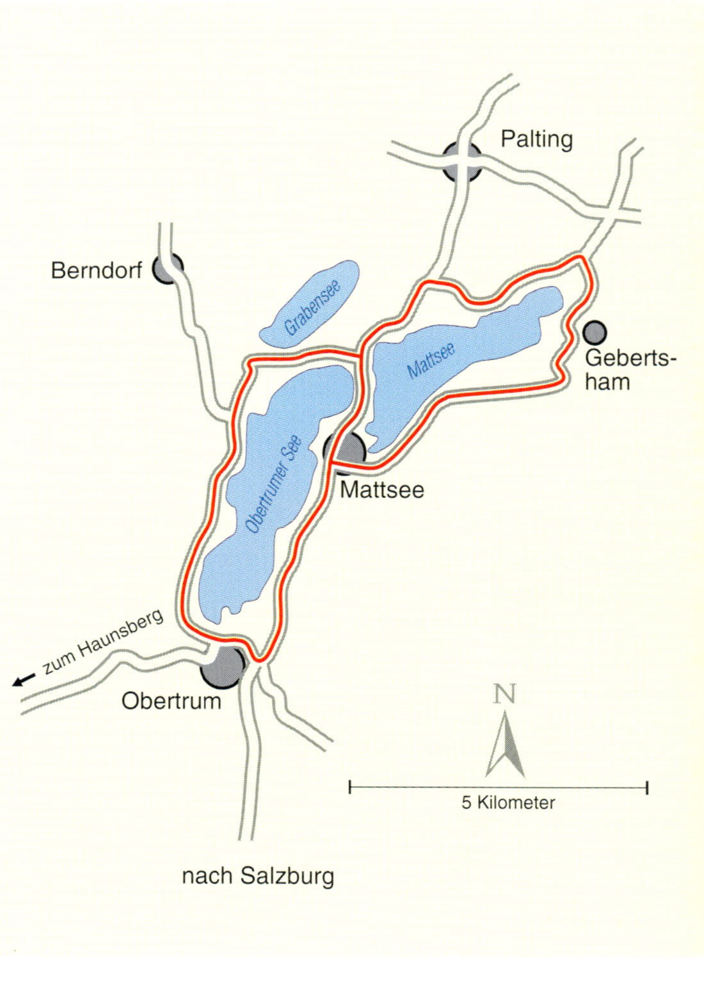

Der Obertrumer See mit dem Hohen Göll

Mattsee in seiner zauberhaften Lage

Ortszentrum von Mattsee

Der See bei Obertrum

Obertrumer See, im Hintergrund die Häuser von Mattsee

Radtour Tittmoning – Burghausen

16

38 km

Falls wir mit dem Auto ankommen, finden wir auf dem Marktplatz von Tittmoning eine Menge Parkplätze. Von dort darf unser ausgeruhter Drahtesel gemächlich, an schönen, alten Bürgerhäusern vorbei, zur Grenzbrücke hinunterrollen.

Auf österreichischer Seite radeln wir auf dem Salzachdamm flußabwärts. Wenn unser Kilometerzähler 6 km anzeigt, müssen wir aufpassen. Ein Pfeil, den man leicht übersehen kann, weist uns vom Fluß weg. Bei einer Schranke fahren wir in den Auwald hinein. Eine Feldstraße bringt uns durch eine parkähnliche Aulandschaft mit stattlichen Bäumen und leuchtenden Blumenwiesen auf die Hauptstraße hinaus. Nun radeln wir nach links den Berg hinauf, bis uns die Puste ausgeht. Doch wenn wir die lange Steigung hinter uns haben, geht es sachte bergab. Durch den Oberen Weilhartforst begleitet uns der Gesang der Vögel, bis wir bei Ach wieder an die Salzach kommen.

Wenn wir nicht gleich über die neue Grenzbrücke fahren sondern noch gegenüber von Burghausen weiterradeln, genießen wir bis zur alten Brücke eine wunderschöne Aussicht auf die Altstadt und die Burg von Burghausen. Die Alte Brükke bringt uns auf den Stadtplatz mit seinen ausgesprochen schönen Häusern. Unterhalb der Kirche, wo auch die Grüben beginnen, können wir unmittelbar an die Salzachuferstraße die Salzlände, hinausfahren. Dort wo die Salzlände vom Fluß wegführt, beginnt der Uferweg.

Ab Burghausen bleiben wir wieder an der Salzach. Flußaufwärts kommen wir am Trutzhof und an Raitenhaslach, das oberhalb der Böschung liegt, sowie an den schön gelegenen Häusern von Hadermarkt vorbei. Wir bleiben am Wasser, bis der Weg bei Flußkilometer 21,6 einspurig wird. Dort schieben wir unser Rad durch den Wald zur Straße hinauf. Die Bundesstraße überqueren wir und radeln über Pattenberg nach Asten. Den zierlichen Barockturm sehen wir bereits. An der Kirche vorbei geht es links nach Tittmoning. Leider müssen wir die letzten 4 Kilometer auf der verkehrsreichen Bundesstraße zurücklegen.

Die Tittmoniger Kirche

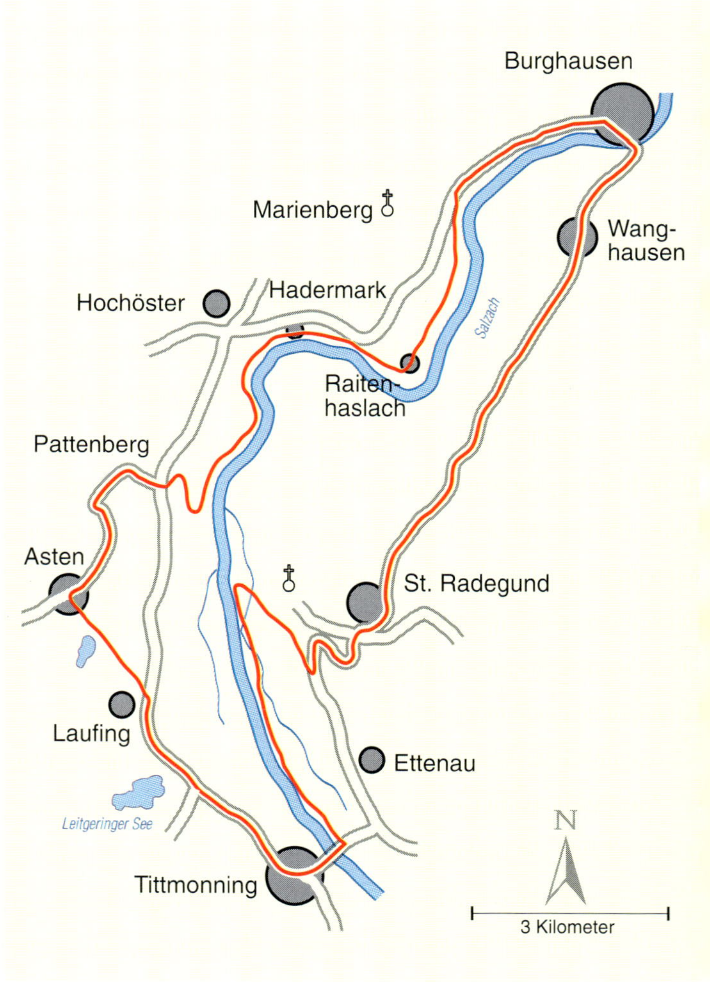

Der Weiher bei Asten ist ein beliebter Sammelplatz für Lachmöven

Weilhartblick, das tief eingeschnittene Flußbett zwischen Tittmoning und Burghausen

An der Stadtmauer von Tittmoning

Tittmoning von der Grenzbrücke aus

Die Burg von Tittmoning

Eine Plättenfahrt ist lustig

17

Plättenfahrt auf der Salzach 1,5 Stunden

Die flachen, hölzernen Transportkähne, mit denen man über Jahrhunderte das weiße Gold von Hallein und Reichenhall salzachabwärts schiffte, nannte man Plätten. Solche Salzkähne hat man nachgebaut, um jedem die Gelegenheit einzuräumen, eine mittelalterliche Flußfahrt zu erleben.

Wie zur Zeit der Grafen und Fürsten, die auf den Burgen residierten, lassen auch wir uns von der Strömung von Tittmoning nach Burghausen treiben. Was die Fürstbischöfe und Mautner reich machte und bei den Schiffsleuten harte Arbeit unter Einsatz ihres Lebens bedeutete, ist für uns ein ausgesprochenes Vergnügen.

Das Abenteuer wird von der Stadt Burghausen in den Sommermonaten Mai bis Oktober veranstaltet und dauert 1,5 Stunden. Schulklassen oder Reisegruppen können eine ganze Plätte mieten, auf der ca. 50 Personen Platz finden. Anmeldungen nimmt das Städtische Verkehrs- und Kulturamt im Rathaus Burghausen entgegen (Tel. 08677/2435).

Jeden Samstag um 14.00 Uhr finden öffentliche Fahrten statt. Startplatz ist an der Salzachbrücke in Tittmoning. Zwischen Burghausem und Tittmoning besteht eine praktische Busverbindung. Skizze siehe Seite 64.

Tittmoning, Burghof

Burghausen

Burghausen – konserviertes Mittelalter

Von der Natur besonders begünstigt erschien den ersten Siedlern der schmale, felsige Bergrücken und die Sandbank unten am Fluß. Hier konnte man fischen, jagen und sich vor unerwünschten Eindringlingen schützen.

Im Jahre 1025 wird die Stadt zum erstenmal urkundlich erwähnt. Zu Beginn des zwölften Jahrhunderts erhielt Burghausen umfangreiche Marktrechte. Vor allem brachten Zoll und Steuern für die Salztransporte auf dem Fluß den Bürgern der Stadt Wohlstand. Davon profitierten besonders die Mautner, die so reich wurden, daß sie Königen, Herzögen und sogar dem Kaiser hohe Summen leihen konnten.

Für heutige Besucher ist es eine wahre Freude, daß bei der Sanierung der Altstadt der mittelalterliche Baustil erhalten blieb. Der Stadtplatz ist eine Pracht mit seinen typischen Inn-Salzach-Fassaden. Davon wäre besonders das ehemalige Regierungsgebäude mit seiner blauen Bemalung und den drei kleinen Türmchen zu erwähnen. Wegen seines goldenen Anstrichs und dem reichen Barockschmuck fällt auch das Tauffkirchen-Palais ins Auge. Napoleon bezog hier 1809 Quartier. Sein Aufenthalt mit seinen Truppen war für die Burghausener eine Schreckenszeit.

Das Einmalige an dieser Stadt ist allerdings seine Burg, die als längste Burganlage Europas gilt. Ihre Türme, Tore und Wehranlagen sind eine Besichtigung wert. Auf der einen Seite blickt man auf den blauen Wöhrsee hinunter, der aus einer uralten Salzachschleife entstand. Gegenüber sieht man hinunter auf die Grabendächer der mittelalterlichen Stadt und den Fluß sowie auf das steile österreichische Ufer.

Burghausen ist ein Beispiel für ein gelungenes Zusammenwirken von Naturformen und menschlicher Bautätigkeit. Ein Ensemble, das zum Verweilen und Nachdenken einlädt. Nachdenken deshalb, weil es hier nicht immer so ruhig zuging. Zum Beispiel sollen in den Jahren 1748-1776 unter dem Beil des Scharfrichters 1100 Köpfe gerollt sein.

Der Reitweg zur Burg

Der Stadtplatz von der Burg aus

Die Gebäude der Hauptburg
über der Altstadt

Das einmalige Ensemble von Burghausen. Der Wöhrsee links ist ein Überbleibsel einer früheren Salzachschleife. Hoch über der Altstadt thront die Burg. Auf dem rechten Flußufer sehen wir das österreichische Ach

Die mächtige Burg thront hoch über der anmutigen Stadt

18

Burghausen – Stadtrundgang 2–3 Std.

Eine tausendjährige Stadt, die weitgehend in ihrem mittelalterlichen Gesamtbild erhalten ist, bietet verständlicherweise eine Vielzahl von Sehenswürdigkeiten. Auf einem Rundgang von wenigen Stunden kann man die wesentlichen Punkte ansteuern. Dabei müssen Museen und andere Details ausgegrenzt werden. Wer Burghausen einmal gesehen hat, kommt sowieso bald wieder.

Wenn wir auf dem langgezogenen Stadtplatz stehen, dominiert das mächtige Schiff der Pfarrkirche und ihr hoher barocker Turm, der bis zur Burg hinaufreicht. Gegenüber sehen wir die grüne Fassade des Rathauses, weiter rechts das blau gestrichene ehemalige Regierungsgebäude, in dem sich heute der Stadtsaal und der Helmbrechtssaal befinden.

Nach der alten Brücke entdecken wir das Stift der Englischen Fräulein und wieder einige Häuser weiter das gelb verzierte Tauffkirchen-Palais. Den oberen Abschluß des Platzes bildet das Kurfürst-Maximilian-Gymnasium und die Jesuiten Kirche St. Josef.

Nach diesem Rundgang gehen wir unterhalb der Pfarrkirche durch einen Bogen in die Grüben, einer schmalen Gasse mit alten Häusern, die früher bei jedem Hochwasser in Mitleidenschaft gezogen wurden. Am Haus 130 kann man alte Hochwassermarken sehen.

Wenn wir uns leicht rechts halten, kommen wir um den Burgberg herum zum Wöhrsee, einem idyllischen Naherholungsgebiet der Stadt.

Eingang in die Grüben

Burghausen Stadtplatz

Burghausen von der österreichischen Seite

Fußwanderung
Die längste Burg Deutschlands 1 – 2 Std.

Der Uhrturm im 6. Hof

Die frühesten Wurzeln der imposanten Befestigungsanlage gehen ins 7. Jahrhundert zurück. Im Jahr 1025 wird Burghausen als Reichshof erwähnt. Die Burg ist immer wieder umgebaut und erweitert worden. Ende des 15. Jahrhunderts erhielt sie ihr jetziges Aussehen.

Die Anlage besteht aus sechs Höfen, die mit Türmen und Toren befestigt waren. Wenn man vom Parkplatz im Norden den sechsten Hof betritt, muß man sich vorstellen, daß die Wehranlage hier geschlossen war. Der einzige Zugang erfolgte durch das Christophstor neben dem Kanzlergebäude. Den Mittelpunkt dieses Hofes bildet der Uhrturm mit dem Brunnhaus.

Vom fünften Hof aus, wo die Äußere Burgkapelle steht, kann man aus einem Wehrturm wunderschön auf die Stadt hinabschauen. Gegenüber sieht man über einer niedrigen Mauer auf den Wöhrsee hinunter.

Wendet man sich im vierten Hof um, sieht man den Folterturm und das Zuchthaus, auch Hexenturm genannt. Rechterhand haben wir nun die Jugendherberge, die seinerzeit Pferdestall und Getreidespeicher war.

Brücke und Tor zum dritten Hof bringen uns zu einem Höhepunkt auf unserem Besichtigungsgang. Auf der Brücke zum Georgstor sehen wir sowohl auf den See, als auch auf das Flußtal hinunter. Wir stehen nun auf gleicher Höhe mit dem Turm der Stadtpfarrkirche. Die beiden Wappen am Georgstor sind bayerisch und polnisch und erinnern an das Paar der Landshuter Hochzeit.

Wir befinden uns nun bereits im zweiten Hof, von dem der alte Reitweg in die Stadt hinunterführt. Eine letzte Holzbrükke bringt uns nun über einen 8 Meter tiefen Wallgraben in die Hauptburg hinein, in der sich, von hohen Gebäuden umgeben, der erste Hof befindet. Die Schatzkammer mit der Jahreszahl 1484 über der Tür, erinnert an die glanzvollste Zeit der Burg. In der Hauptburg befindet sich auch das Staatliche Museum.

Der Kaminkehrerturm

Im ersten Hof

Das Georgstor
vom 2. Hof aus

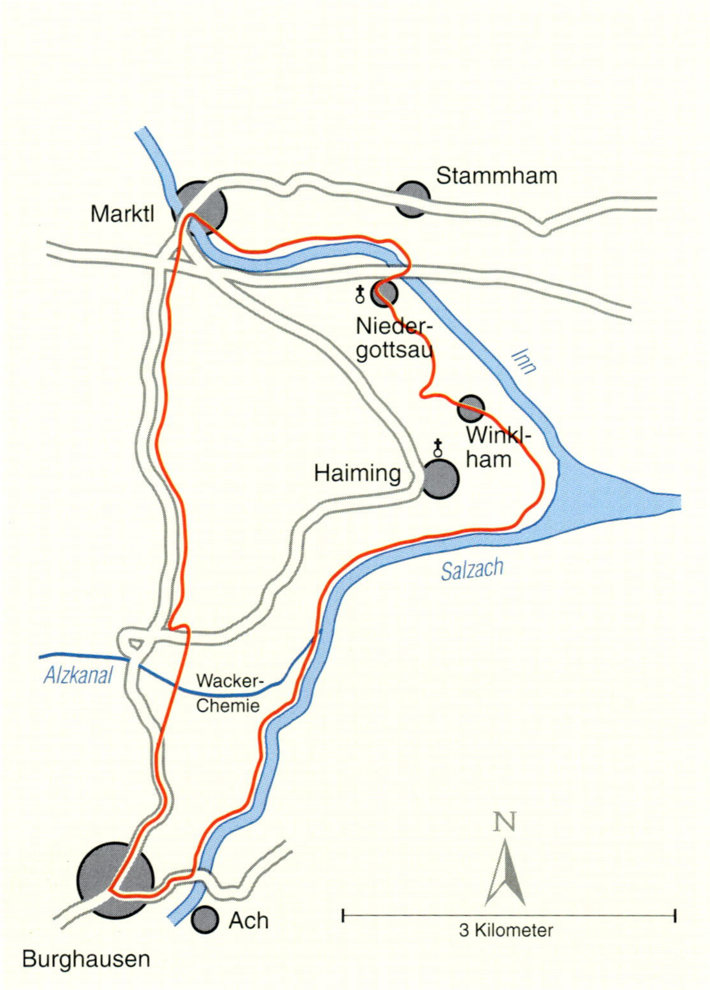

Radtour Burghausen – Haiming – Marktl 39 km

20

Diesmal starten wir an der gebührenfreien Parkgarage am Wöhrsee. Über die Grüben oder die Salzlände kommen wir auf den Stadtplatz. An seinem Nordende, bei den Klostergebäuden, beginnt der Salzach-Uferweg. Er ist zum Teil ziemlich holprig, aber die Landschaft mit den steilen Uferböschungen ist wildromantisch.

Nach der Brücke über den Alzkanal mit seinem grünen Chiemseewasser fahren wir am Kanal weiter, bis wir wieder an der Salzach sind. Wenn wir bei Neuhofen den Hochwasserdamm erreichen, fahren wir nach rechts und bleiben auf dem Damm. Durch das Mündungsgebiet von Salzach und Inn beschreibt der Damm einen großen Bogen bis Winklham, wo er endet.

Nach dem kleinen Ort radeln wir rechts nach Niedergottsau. Bei einer großen freistehenden Eiche wenden wir uns wieder nach rechts. Am Ortsende von Niedergottsau führt ein Radweg rechts zum Inn hinunter. Dort können wir über die große Brücke der B 12 den Inn überqueren. Nun bringt uns ein schmaler Uferweg flußaufwärts am Kraftwerk vorbei nach Marktl.

Wieder müssen wir über den Inn. Dann finden wir links der Straße einen asphaltierten Radweg, der uns einfach und bequem nach Burghausen zurückbringt.

Marktl

Plätten an der Salzach

Blick vom bayerischen Salzachufer
auf die Kreuzsteine und die Burg

Radtour Burghausen – Braunau

21

64 km

Am besten parken wir in der Burghausener Neustadt, vielleicht an der Mehringerstraße beim Dultplatz. Von dort lassen wir unseren Drahtesel in die Altstadt hinunterlaufen und wechseln auf der alten Brücke über die Salzach.

In Hochburg schieben wir den Berg hinauf und wenden uns nach links. Wir bleiben auf der Hauptstraße nach Braunau bis nach einer kurzen Steigung. Dann geht's links durch Weng und auf einem schattigen Waldweg nach Überackern hinunter. Nach dem Ort müssen wir leider auf der Hauptstraße wieder die hohe Böschung hinauf und auf der Bundesstraße, die mit einer Radspur versehen ist, links. Nach einigen Kilometern, am Ende der Ausbaustrecke, verlassen wir die Bundesstraße und fahren links auf einer Forststraße zum Innstausee hinunter.

Das Kraftwerk können wir umfahren. Wir bleiben am Inndamm bis Braunau, das durch den hohen Kirchturm auffällt Die typische Innstadt mit dem großen Marktplatz und den schmalen Seitengäßchen sollten wir uns ansehen.

Dann radeln wir über die Grenzbrücke nach Simbach hinüber und auf dem bayerischen Inndamm wieder flußaufwärts. Manchmal fahren wir nicht direkt am Flußufer. In Bergham nach dem Hafen geht es wieder auf dem Damm weiter bis zur großen Brücke bei Stammham, auf der wir den Inn wieder überqueren können. Eine schmale Unterführung bringt uns nach Niedergottsau, dann nach Haiming und auf einem guten Radweg entlang der Straße mitten ins Industriegebiet. Der Radweg führt dann an einem Chemiewerk entlang nach Burghausen zurück.

Die von links kommende Salzach fließt in den hellen Inn

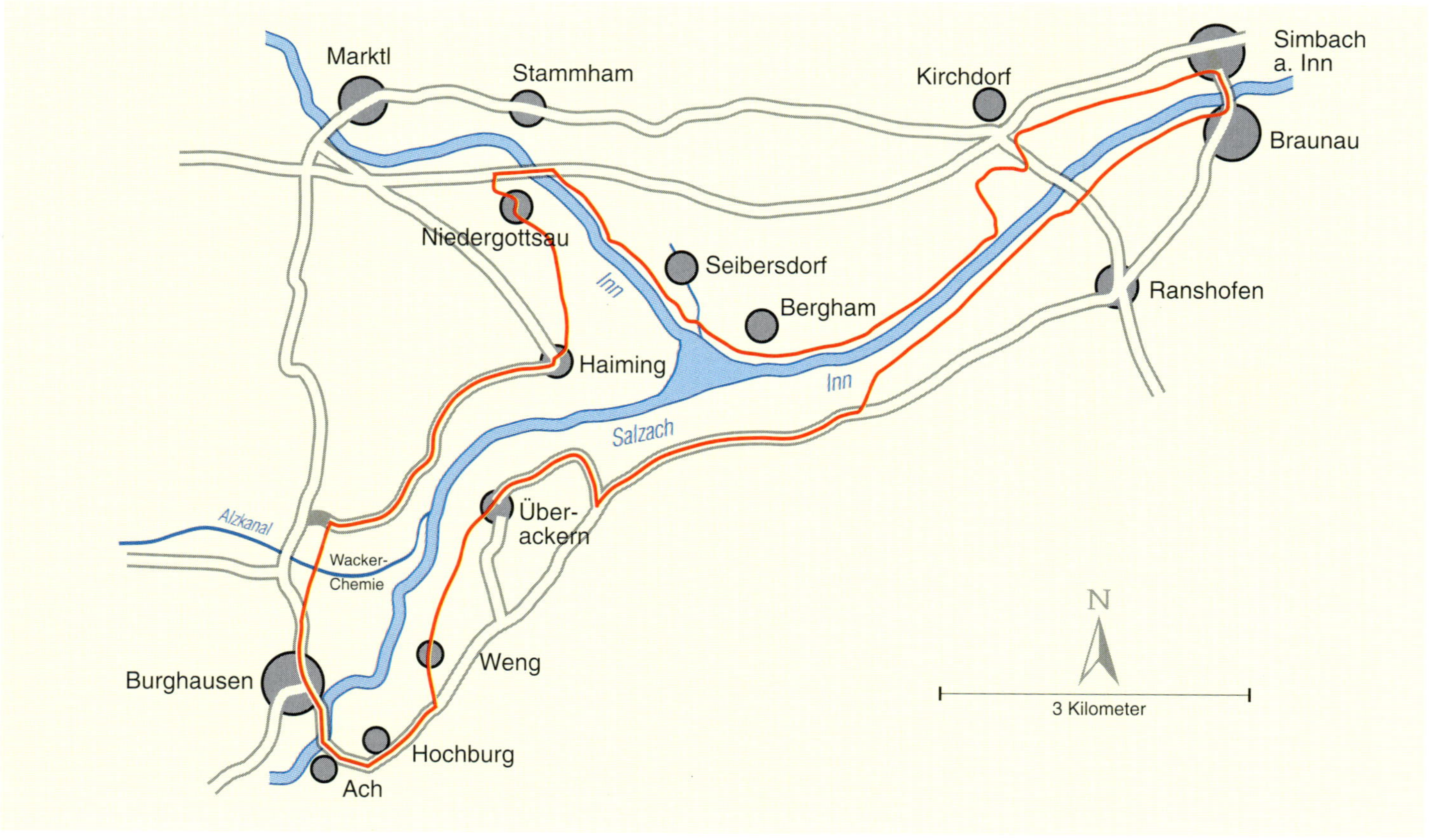

Niedergottsau

Stadtplatz von Braunau

Altötting – Kapellplatz

Radtour Altötting – Marktl

22

41 km

Ein günstiger Ausgangspunkt ist der Dultplatz in Altötting an der Burghauser Straße. Von diesem radeln wir stadtauswärts. An der Umgehungsstraße bringt uns ein spezieller Radlsteg auf die andere Seite und nach rechts in den Wald hinein. Die autofreie Forststraße verläuft ziemlich schnurgerade und ist mit blauen Pfeilen markiert. Kurz vor zwei hohen Schornsteinen einer Chemiefabrik fahren wir links. An der Hauptstraße nimmt uns dann ein Radweg auf, der uns nach Emmerting bringt. An der Kreuzung rechts, dann über die Alzbrücke und hinauf nach Hohenwart. Am Ende der Steigung links. Leider kann man nicht unten an der Alz entlangradeln.

Ab hier ist unsere Route mit „Traun-Alz-Radweg" gekennzeichnet. Es ist ein Genuß, durch den lichten Buchenwald zu radeln. Am Ende des Waldes kommen wir an der B 12 an und folgen dem Wegweiser „Marktl 1 km".

Nach der Innbrücke fahren wir links, aber nicht auf dem Damm. Wir bleiben auf der Straße bis zum Bahnübergang, dort können wir zum Inn hinunterfahren. Nun bleiben wir am Uferweg bis Neuötting, wo wir den Inn neuerdings überqueren. Unser nächstes Ziel ist die alles überragende gotische Kirche. Wir fahren dann über den typischen Stadtplatz, der noch zwei alte Stadttore besitzt. Nach dem Burghauser Tor geht es rechts nach Altötting. Nach dem autofreien Kapellplatz beginnt links die Burghauser Straße, auf der wir unsere Runde begonnen haben.

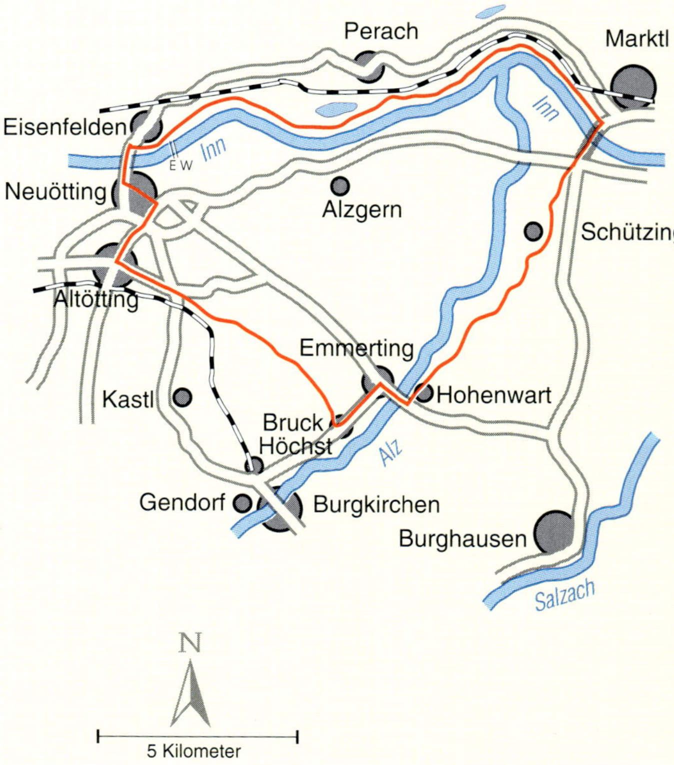

Die gotische Kirche von Neuötting

Schluß

Wie bei den vorangegangenen Büchern mit Radwandervorschlägen handelt es sich auch hier um Touren, die jeweils an den Ausgangspunkt zurückführen. Jeder kann seine ganz persönliche Tour je nach Geschmack, Laune und Leistungsfähigkeit festlegen. Es sind fast immer einige Möglichkeiten gegeben, die Route auszudehnen oder zu verkürzen. Eine Radwanderkarte wird dabei immer eine große Hilfe sein.

Die vorgestellten Routen sind nicht für Rennräder gedacht. Doch alle Drahtesel mit etwas breiterer Bereifung sind bestens geeignet. Wir benutzen häufig nicht asphaltierte, manchmal auch unbefestigte Wald- und Wiesenwege.

Das wichtigste sollte immer die Freude an der Natur, der schönen Landschaft und an der gesunden Bewegung an der frischen Luft sein. Dieser Punkt muß unbedingt in Betracht gezogen werden, wenn man eine Radwanderung mit der Familie plant. Kinder sind spontan und schnell begeistert, doch fehlt es meist an der Ausdauer. Abwechslung ist deshalb gefragt, mehr als alles andere. Brotzeit und reichlich Getränke dürfen nicht fehlen, ebenso eine Prise Abenteuer.

Pausen und Picknickplätze braucht man im allgemeinen nicht im voraus festzulegen. Man rastet dort wo es einem gefällt, sofern es keine Privatgrundstücke sind. Auf Waldlichtungen, an Seeufern und Feldwegen finden wir ideale Rastplätze. Dabei möchten wir weder jemanden behindern, noch die Wiesen und Felder der Bauern zertreten. Die schönsten Blumen wachsen heutzutage sowieso am Wegesrand und nicht auf den gedüngten Feldern und Wiesen.

Abtsdorfer See

Bademöglichkeiten sind an warmen Tagen stets willkommen. Wir wollen nachfolgend die bekannten und leicht zu erfragenden Seen und Schwimmbäder auflisten.

Tour 2 Leopoldskroner Schwimmbad
Tour 3 Waldbad Anif, nahe dem Kraftwerk Urstein
Tour 4 Badeseen nahe der Trabrennbahn in Salzburg Liefering
Tour 5 Rupertusbad in Bad Reichenhall, Saalachwehr bei Käferheim
Tour 6 Schwimmbad Anger oder Höglwörther See
Tour 8 Waginger See oder Höglwörther See
Tour 9 Schwimmbad Teisendorf
Tour 10 Freilassing Schwimmhalle Badylon
Tour 11 Abtsdorfer See, Freibad und verschiedene Uferabschnitte
Tour 13 Höllerer See
Tour 14 Waginger und Tachinger See
Tour 15 Mattsee und Obertrumer See
Tour 16 Leitgeringer See, nördlich von Tittmoning
Tour 18 Wöhrseebad, oder Hallenbad in Burghausen
Tour 20 Freizeitanlage Marktl (innaufwärts) oder Wöhrsee
Tour 21 Gleich nach Simbach mehrere Badeseen am Weg
Tour 22 Badesee Perach am Inn oder Schwimmbad und Hallenbad in Altötting

Marienberg

Wenn wir uns also etwas flußabwärts treiben lassen, stoßen wir auf so manchen reizenden Ort mit einer belebten Geschichte und alten ehrwürdigen Gebäuden, die so manches Geheimnis lüften. In der Salzachschleife, wo das heutige Laufen liegt, gab es bereits um 1050 eine Siedlung, die urkundlich erwähnt wurde.

In Tittmoning hat man zahlreiche Funde aus der Römerzeit entdeckt. Die Stadt in ihrer derzeitigen Form und die wehrhafte Festung wurde von den Salzburger Fürstbischöfen erbaut. Die kleinen Leute und Bauern hatten unter der harten Hand der Bischöfe nichts zu lachen. Die Abgaben waren sehr hoch, damit sich die geistlichen Herren ein luxuriöses Leben leisten konnten.

Ein Höhepunkt unserer Reise ist Burghausen mit seine einen Kilometer langen Burg, die auf einem schmalen Fels sporn zwischen Salzach und Wöhrsee errichtet wurde. Ei Spaziergang durch die vielen Tore und über mehrere Zug brücken zur Hauptburg ist ein historisches Erlebnis. Dabe sehen wir auf die Stadt und die Salzach hinunter und hin über auf das österreichische Steilufer. Unweigerlich wandern unsere Gedanken durch vergangene Jahrhunderte und sto ßen auf manche unbeantwortete Fragen.

Salzachgau Rupertiwinkel

Es fällt mir nicht schwer, über das Land an der Salzach zu erzählen. Wo aber soll ich anfangen bei der überwältigenden Fülle erwähnenswerter Sehenswürdigkeiten? Ganz ohne Übertreibung – hier begegnen uns auf Schritt und Tritt Natur- und Kulturschönheiten von besonderem Rang. Hohe Berge, blaue Seen, historische Orte mit einer alten Bausubstanz, und unsere Salzach spielt die Titelrolle.

Die Salzach besteht größtenteils aus Gletscherwasser, das von den höchsten Erhebungen der Ostalpen herabfließt. Wo unser Buch beginnt, hat sie bereits berechtigten Grund, sich von den Strapazen auszuruhen, die ihr der Weg vom hintersten Pinzgau bis zum Paß Lueg abforderte. Wo sie schließlich die hohen Berge endgültig hinter sich läßt, beschreibt sie zwischen zwei bewaldeten Felskuppen ein sanftes „S".

Das Häusermeer, das sich hier an ihrem Gestade ausbreitet, ist nicht irgendeine Stadt, es ist „Salzburg", deren Name in der ganzen Welt einen guten Klang hat. Von dieser zauberhaften Landschaft soll schon Alexander von Humboldt gesagt haben, daß er sie für eine der schönsten unseres Erdballs hält. Blickt man zum Beispiel vom Plainberg auf die Stadt und die Berge, muß man ihm uneingeschränkt Recht geben. Der Gaisberg, der Hohe Göll und der sagenumwobene Untersberg bilden eine Kulisse, wie sie kein Maler harmonischer und gewaltiger malen könnte.

Die Festspielstadt selbst ist zwischen dem Fluß und dem Mönchsberg eingebettet. Um den Berg mit der trutzigen Festung hat sich eine schnell wachsende Metropole ausgebreitet. Wie tiefe Schluchten wirken die schmalen Gassen, die die Häuser der Altstadt durchschneiden. Die großzügig geplanten Plätze im Klosterbereich und um den Dom erinnern noch lebhaft an Glanz und Wohlstand der einst regierenden Fürsterzbischöfe. Die wehrhafte Festung, die das barocke Ensemble überragt, läßt auch ihre hartherzige Machtausübung nicht in Vergessenheit geraten.

Der heutige Besucher erfreut sich auch an den Lustschlössern, die jene Eminenzen zum Lustwandeln und Festefeiern errichteten. Auch die Frauen, Konkubinen und Freundinnen der Erzbischöfe kamen nicht zu kurz. Schloß Altenau, das heute als Mirabell bekannt ist, war ein Geschenk des Fürstbischofs Wolf Dietrich von Raitenau an Salome Alt, eine seiner Mätressen.

Die Salzach fließt gemächlich weiter und vereinigt sich mit der Saalach, die von Bad Reichenhall und Freilassing kommt. Wie in Hallein und Salzburg war auch in Bad Reichenhall sowie in Berchtesgaden das Salz die natürliche Quelle des einstigen Reichtums. Einige Städte am Flußlauf, wie Laufen, Tittmoning und Burghausen, profitierten besonders vom Salz, denn die Flußschiffahrt belebte den Handel und brachte fette Zolleinkünfte.

Der Hohe Göll südlich von Salzburg